行动日志
7天体验版

本手册配合《人人都需要的管理会计思维》使用

邹志英 著

机械工业出版社

导 言
学以致用：一份行动式学习建议

管理会计在中国的实施效果普遍不理想，体现在管理会计实践的四个"梗"上：认识不到位，参与不到位，方法不到位，执行不到位。

无论是个人还是企业，只有走出管理会计的认知误区，找到一套可落地的实操方法论，才能让管理会计思维真正变成一股驱动社会进步、企业进步及个人幸福的正向力量。

本手册中所列的知识点和训练方法，均为作者长年为不同企事业单位做实战培训积累所得，已被无数企业和个人证明是行之有效的，可以快速提升读者对管理会计的认知水平和实操能力。

请铭记在心，知行合一是一种好习惯，更是一种美德！现在，请参照以下建议开始行动：

1. 一定要按照本手册的引导进行训练；
2. 建议你看书时，边划重点边做笔记；
3. 本手册要与《人人都需要的管理会计思维》一书结合使用；
4. 要想真正掌握知识，复习、训练与思考是非常必要的。

让我们就从今天开始吧。

目　录

导言

第 1 天
管理会计思维决定人生的上限

知识点提示 / 001
引导训练 / 002
深度思考 / 007

第 2 天
情景剧场：人生如意，少不了"设计"

知识点提示 / 009
引导训练 / 010
深度思考 / 013

第 3 天
情景剧场：决策正确，才能遇见更好的自己

知识点提示 / 015
引导训练 / 016
深度思考 / 020

第 4 天
情景剧场：打响"攻坚战"，赋能业务增长和管理转型

知识点提示 / 023
引导训练 / 024
深度思考 / 029

第 5 天
情景剧场：中化集团和日航的管理会计实践

知识点提示 / 030

引导训练 / 031

深度思考 / 032

第 6 天
管理会计实用工具及应用案例

知识点提示 / 033

引导训练 / 034

第 7 天
目标管理

目标的重要性 / 036

引导训练 / 036

打卡训练 / 037

第1天
管理会计思维决定人生的上限

知识点提示

(1)成功者对比平庸者的特征。

(2)穷爸爸和富爸爸对待同一件事情的不同看法。

(3)世界500强企业高管使用"财务思维"做决策。

(4)"管理思维"和E公司员工的"升职经"。

(5)"财富思维"和"三国"服装厂的投资回报率高不高。

(6)"数据思维"和严喜宫用"数据思维"汇报工作,并获得提拔。

(7)"创新思维"和"职场动物论"。

(8)"联想思维"和"驴为什么会饿死"。

(9)拥有"会计"或"财务"思维的政商界名人。

(10)商业精英用管理会计思维指挥千军万马。

(11)管理会计思维无处不在。

> 行动日志

请把上述知识点所在的页码写下来,并把每个知识点对应的要点写下来。

引导训练

(1) 何为管理会计思维?为什么说它是商业社会中最宝贵的财富之一?把你想到的写下来,越多越好。

（2）管理会计"七彩阳光"思维是什么？请你具体描述一下每种思维的特点，越多越好。

① 财务思维的特点：

② 管理思维的特点：

③ 财富思维的特点：

④ 破案思维的特点：

⑤ 数据思维的特点：

⑥ 创新思维的特点：

行动日志

⑦ 联想思维的特点：

（3）书中提到的"世界500强企业高管使用财务思维做决策"，对你有何启发和借鉴意义？使用财务思维的好处是什么？把你想到的写下来，越多越好。

（4）书中提到的E公司员工的"升职经"，对你有何启发和借鉴意义？使用管理思维的好处是什么？把你想到的写下来，越多越好。

（5）书中提到的"'三国'服装厂的投资回报率高不高"案例，对你有何启发和借鉴意义？使用财富思维的好处是什么？把你想到的写下来，越多越好。

_____

_____

_____

（6）书中提到的"用破案思维找出 A 公司销售收入下降的原因"案例，对你有何启发和借鉴意义？使用破案思维的好处是什么？把你想到的写下来，越多越好。

_____

_____

_____

（7）书中提到的"严喜宫用数据思维汇报工作，并获得提拔"案例，对你有何启发和借鉴意义？使用数据思维的好处是什么？把你想到的写下来，越多越好。

_____

_____

_____

行动日志

（8）书中提到的"小白运用创新思维和'职场动物论'引领企业乘风破浪"案例，对你有何启发和借鉴意义？使用创新思维的好处是什么？把你想到的写下来，越多越好。

_____
_____
_____
_____

（9）书中提到的"用联想思维分析'驴为什么会饿死'案例，对你有何启发和借鉴意义？使用联想思维的好处是什么？把你想到的写下来，越多越好。

_____
_____
_____
_____

（10）书中提到的"人人都需要管理会计思维的四大理由"是什么？把它们写下来。

理由一：
_____
_____

理由二：
_____
_____

理由三：

理由四：

深度思考

（1）为什么说拥有管理会计思维的人可以成为人生赢家？

写下你的思考：

（2）为什么说"谁能拥有优秀的决策能力，谁就拥有撬动世界的杠杆"？把你想到的写下来，越多越好。

（3）你平均每周做多少个决定？你在做决定时，遇到过哪些典型困难？在你做的决定中，结果好的决定占比有多少？你是否思考过背后的原因？把你想到的写下来，越多越好。

（4）你平时说话或者汇报工作是否会使用"数据思维"？如果是，请举例说明；如果否，请说明原因。写下你的思考，越多越好。

（5）你所在的企业盈利状况如何？当企业面临销售收入下滑、盈利质量下降等情况时，你是如何分析其背后原因的？你是否会运用破案思维分析原因？写下你的思考，越多越好。

第 2 天
情景剧场：人生如意，少不了"设计"

知识点提示

（1）有无规划的人生，相差 10 倍以上。

（2）"一页纸"揭秘丁丁职业困局的真相。

（3）"珍珠链预算管理体系"的思想。

（4）丁丁完成职场 AB 模式的转换。

（5）用"珍珠链 9 步走"形成职业生涯一盘棋。

（6）丁丁职场胜任能力评估。

（7）为丁丁制定"由杂到专"的转变策略。

（8）为丁丁制定"由弱到强"的转变策略。

（9）为丁丁制定"由低到高"的转变策略。

（10）为丁丁确立职业目标。

（11）为丁丁绘制职业发展战略地图。

（12）双重晋升路径图，是丁丁从小兵到高管的逆袭关键。

行动日志

请把上述知识点所在的页码写下来，并把每个知识点对应的要点写下来。

引导训练

（1）书中提到的造成丁丁职业困局的原因是什么？丁丁得到的脱困建议是什么？把你想到的写下来，越多越好。

（2）书中提到的探索丁丁职业困局真相的三种武器是什么？把你想到的写下来，越多越好。

第 2 天　情景剧场：人生如意，少不了"设计"

武器一：

武器二：

武器三：

（3）书中提到的"珍珠链 9 步走"是什么？用它做职业生涯规划的好处是什么？把你想到的写下来，越多越好。

第一步：评估竞争态势

第二步：分析职业生涯机会

第三步：明确职业愿景

第四步：选择职业方向

_____

第五步：确立职业目标

_____

第六步：绘制职业蓝图

_____

第七步：设计晋升路径

_____

第八步：编制收支预算

_____

第九步：制定执行措施

_____

_____

（4）书中提到的"SWOT分析，让丁丁趋吉避凶"是什么？把你想到的写下来，越多越好。

①趋吉策略是：

_____

_____

②避凶策略是:

（5）书中提到的用管理会计做职业规划和常规职业规划有哪些本质区别？把你想到的写下来，越多越好。

（6）书中提到的管理会计在职业规划中能够发挥哪些独特的作用？把你想到的写下来，越多越好。

深度思考

用"珍珠链 9 步走"为自己或者身边的人制定一套可落地的职业生涯规划。

第一步：评估竞争态势

行动日志

第二步：分析职业生涯机会

第三步：明确职业愿景

第四步：选择职业方向

第五步：确定职业目标

第六步：绘制职业蓝图

第七步：设计晋升路径

第八步：编制收支预算

第九步：制定执行措施

第 3 天
情景剧场：决策正确，才能遇见更好的自己

知识点提示

（1）向左子弹短信，向右腾讯，你怎么选。

（2）用"破案思维"判断丁丁"选择困难症"的病因。

（3）丁丁的职业决策类型。

（4）冰山结构。

（5）行业前景包含的要素。

（6）企业前景包含的要素。

（7）岗位价值。

（8）薪资待遇包含的要素。

（9）Offer 选择的决策流程。

（10）工作利润模型。

（11）职业生命周期的 6 大阶段及特点。

（12）为 Offer 要素分配权重。

（13）判断三个 Offer 的行业前景。

行动日志

（14）判断三个 Offer 的岗位价值。

（15）判断三个 Offer 的职业规划匹配度。

（16）判断谁是最值得跟随的上司。

请把上述知识点所在的页码写下来，把每个知识点对应的要点写下来。

引导训练

（1）书中提到的导致丁丁不会做决策的四大病灶是什么？把你想到的写下来，越多越好。

病灶一：

病灶二：

病灶三：

病灶四：

（2）书中提到的为丁丁选择 Offer 的"四种秘密武器"是什么？把你想到的写下来，越多越好。

（3）书中提到的用"决策尺"建立"十看"标准是什么？把你想到的写下来，越多越好。

一看：行业前景

二看：公司前景

三看：岗位价值

四看：职业规划匹配度

五看：岗位兴趣度

六看：人岗匹配度

七看：升职空间

八看：薪资福利

九看：直接上司的能力水平

十看：企业文化

（4）书中提到的选择 Offer 的"六步法"是什么？把你想到的写下来，越多越好。

第一步：

第二步：

第三步：

第四步：

第五步：

第六步：

行动日志

深度思考

活学活用管理会计

小 A 来自于普通家庭，从县城考进了北京的大学，现在就读大学三年级。面对"僧多粥少"和应届大学生难找工作的现象，他非常焦虑。面对毕业后的去留问题，他应该如何做出决策？是继续在北京读研，去国外镀金，还是回老家考公务员，或者留在一线城市当个小白领？

针对以上案例情景，请采用本章介绍的"十看"标准和决策流程，帮助小 A 做出明智的决策。请写下你的思考与建议，越多越好。

一看：行业前景

二看：公司前景

三看：岗位价值

四看：职业规划匹配度

五看：岗位兴趣度

六看：人岗匹配度

七看：升职空间

八看：薪资福利

九看：直接上司的能力水平

十看：企业文化

用"六步法"为小 A 制定明智的决策：

第一步：创公式

行动日志

第二步：建表格

第三步：绘曲线

第四步：配权重

第五步：照镜子

第六步：做决策

第 4 天
情景剧场：打响"攻坚战"，赋能业务增长和管理转型

知识点提示

（1）管理会计为 M 集团（中国）创造的四种效益。

（2）M 集团（中国）成功实施管理会计的"三大策略"。

（3）M 集团（中国）管理会计实践的路线图。

（4）M 集团（中国）管理会计实践的使命。

（5）M 集团（中国）管理会计实践的核心价值。

（6）M 集团（中国）管理会计实践的战略目标。

（7）M 集团（中国）经营分析与预警体系的内容。

（8）M 集团（中国）战略型全面预算管理体系的"六要原则"和"五项举措"。

（9）M 集团（中国）的"五项军规"。

（10）M 集团（中国）集中采购的四件大事。

（11）M 集团（中国）推行"共享服务"的五大目的。

（12）管理会计在 M 集团（中国）发挥的四大作用。

（13）M 集团（中国）管理会计实践的五大特色。

行动日志

请把上述知识点所在的页码写下来，并把每个知识点对应的要点写下来。

引导训练

（1）在面对高速的业务增长、艰巨的并购整合、复杂的管理变革以及财务部门的角色转型等巨大挑战时，M集团（中国）采用什么方法破局？为什么？

（2）M集团（中国）成功实施管理会计运用了"三大策略"，请你具体描述这三大策略分别是什么？

策略一：

策略二：

策略三：

（3）书中提到的M集团（中国）打响的管理会计实践"六大战役"是什么？你从中获得了哪些启发？写下你的思考与建议，越多越好。

战役一：

战役二：

行动日志

战役三：

战役四：

战役五：

战役六：

对你的启发是什么：

（4）M集团（中国）打响的第一大战役的具体内容是什么？你所在的企业是否确立了管理会计实践的目标？把你想到的写下来，越多越好。

_____
_____
_____
_____

（5）M集团（中国）打响的第二大战役的具体内容是什么？你所在的企业是否建立了经营预警机制？如果已建立，请具体描述它发挥的作用。把你想到的写下来，越多越好。

_____
_____
_____
_____

（6）M集团（中国）打响的第三大战役的具体内容是什么？你所在的企业是否实施了战略型全面预算？如果已实施，请具体描述贵公司的做法以及它发挥的作用。把你想到的写下来，越多越好。

_____
_____
_____

行动日志

（7）M集团（中国）打响的第四大战役的具体内容是什么？你所在的企业是否实施了内部控制，建立了风险管理体系？如果是，请具体描述贵公司的做法以及它发挥的作用。把你想到的写下来，越多越好。

_____
_____
_____

（8）M集团（中国）打响的第五大战役的具体内容是什么？你所在的企业是否建立了集中采购模式？如果已建立，请具体描述贵公司的做法以及它发挥的作用。把你想到的写下来，越多越好。

_____
_____
_____

（9）M集团（中国）打响的第六大战役的具体内容是什么？你所在的企业是否推行了共享服务？如果已推行，请具体描述贵公司的做法以及它发挥的作用。把你想到的写下来，越多越好。

_____
_____
_____

深度思考

当你所在的企业遇到以下问题时,你打算怎么做或者会提出哪些管理建议,以改善企业面临的状况?

(1)企业面临业务快速增长和管理转型的压力。
(2)企业的管理现状是头疼医头、脚痛医脚。
(3)企业存在很多浪费现象,利润管理存在"跑冒滴漏"等现象。

写下你的思考与建议,越多越好。

第5天
情景剧场：中化集团和日航的管理会计实践

知识点提示

（1）管理会计的核心思想。

（2）中化集团掌门人宁高宁先生对管理会计的洞见。

（3）实施管理会计前，日航存在的问题。

（4）一句话解释什么是"阿米巴"。

（5）日航实施管理会计后的变化。

请把上述知识点所在的页码写下来，并把每个知识点对应的要点写下来。

第 5 天　情景剧场：中化集团和日航的管理会计实践

引导训练

（1）书中提到的中化集团管理会计的三项实践行动是什么？你所在的企业是否做了同样的事情？把你想到的写下来，越多越好。

_____
_____
_____
_____

（2）书中提到的稻盛和夫先生挽救日航的两大秘诀是什么？把你想到的写下来，越多越好。

_____
_____
_____
_____

（3）书中提到的稻盛和大先生挽救日航的三大措施是什么？具体操作方法是什么？把你想到的写下来，越多越好。

_____
_____
_____
_____

行动日志

深度思考

　　稻盛和夫先生究竟对日航做了什么，让这个巨型大象起死回生，并成为规模最大的航空公司之一？你从中获得了哪些启发？当你所在的企业遇到类似的盈利不佳等问题时，你打算如何提出扭亏为盈的建议？

　　写下你的思考与建议，越多越好。

第 6 天
管理会计实用工具及应用案例

知识点提示

（1）管理会计的十大实用工具。

（2）战略地图及应用案例。

（3）PEST 模型及应用案例。

（4）SWOT 模型及应用案例。

（5）本量利模型、盈亏平衡点及应用案例。

请把上述知识点所在的页码写下来，并把每个知识点对应的要点写下来。

行动日志

引导训练

（1）书中提到的战略地图在软件开发公司的应用案例，对你有哪些启发作用？把你想到的写下来，越多越好。

_____

_____

_____

（2）书中提到的用 PEST 分析环保企业的环境，对你有哪些启发作用？把你想到的写下来，越多越好。

_____

_____

_____

（3）书中提到的 SWOT 模型对你有哪些启发作用？把你想到的写下来，越多越好。

_____

_____

_____

（4）书中提到的本量利模型和盈亏平衡点的应用案例对你有哪些启发作用？把你想到的写下来，越多越好。

第 7 天
目标管理

目标的重要性

美国潜能大师伯恩·崔西曾说过:"成功就等于目标,其他的一切都是这句话的注解。"

目标是企业经营强有力的引擎,是激发员工工作热情的动力源泉。清晰的目标是企业和员工成功的秘密。没有目标,企业和员工就会像无头苍蝇一样到处乱飞。你喜欢目标,方法就会越来越多。

引导训练

请你谈谈目标对你人生和事业的影响?

_____

_____

_____

第7天 目标管理

打卡训练

目标表填写示范

我的目标： 考上××中学
我的要求： 期末考试平均成绩在95分以上

××的目标学习计划

科目	语文	数学	英语	化学	物理	平均成绩
上一学期考试得分	95	95	97	98	90	95
目标分数	98	98	99	98	92	97

我的资源
时间：12周
人力：老师、同学、家长
其他：课外辅导书

每日打卡	1	2	3	4	5	6	7
按时起床	×	✓	✓	✓	✓	✓	✓
按时学习				✓			
按时复习				×			
按时睡觉				×			

日期	2022.1.18
时间	内容
6:00	起床
6:30	早餐
7:00	上课
18:10	晚餐
19:30	复习和做作业

总结： 进步明显，继续加油！

行动日志

目标学习计划表

我的目标：
我的要求：

	目标学习计划					克服拖延症				
			日期							
			时间	内容						
我的现状	学习科目	1	2	3	4	5				
	计划学习进度									
	实际完成进度									
我的资源							总结：			

每日打卡	星期一	星期二	星期三	星期四	星期五	星期六	星期日
按时起床							
按时学习							
按时复习							
按时睡觉							

目标卡卡打卡

千里之行始于足下，美好的未来从今天的打卡开始！

第 7 天　目标管理

目标工作计划表

目标工作计划

我的目标：
我的要求：

我的现状	1	2	3	4	5	6

待办事项	1	2	3	4	5	6

每日打卡	星期一	星期二	星期三	星期四	星期五	星期六	星期日

日期	时间	内容

总结：

请永远记住，知行合一最重要，现在开始行动吧！